EXERCICES PRATIQUES

DE

TENUE DES LIVRES

EN PARTIE DOUBLE

FAISANT SUITE AUX

EXERCICES DE LA TENUE DES LIVRES

EN PARTIE SIMPLE

à l'usage des Écoles primaires

PAR R. DÉTRICHÉ

INSPECTEUR DE L'INSTRUCTION PRIMAIRE, OFFICIER DE L'INSTRUCTION PUBLIQUE.

DEUXIÈME ÉDITION

JOURNAL

ANGERS

IMPRIMERIE-LIBRAIRIE DE E. BARASSE, RUE SAINT-LAUD, 83.

et chez tous les Libraires du Département.

PARIS

LIBRAIRIE ECCLÉSIASTIQUE, CLASSIQUE, ÉLÉMENTAIRE DE CH. FOURAUT,

Rue Saint-André-des-Arts, 7.

1870

EXERCICES DE LA TENUE DES LIVRES
EN PARTIE SIMPLE

Par **R. DÉTRICHÉ**, Inspecteur de l'Instruction primaire, Officier d'Académie, ancien régent des cours spéciaux au Collège de Saumur.

Les trois cahiers. . . . . **1 fr. 35**.
Partie du Maître . . . . **1 fr. 30**.

J.-P. GUZZI.

Grammaire anglaise, 1re *partie*, rédigée sur le plan des Grammaires françaises avec un *Cours de thèmes* sur les différentes parties du discours (3e édition). — Prix . . . . **1 fr. 50**

Grammaire anglaise, 2e *partie*, ou syntaxe, rédigée sur le plan des Grammaires françaises avec un *Cours de thèmes* sur la syntaxe (2e édition). — Prix . . . . **2 fr.**

Recueil de Versions anglaises, ou morceaux choisis en prose et en vers des meilleurs classiques anglais, avec des notes grammaticales. — Tome I, à l'usage des classes de Troisième et de l'Enseignement spécial (2e édition). — Prix . . . . **1 fr. 50**

Recueil de Versions anglaises, ou Morceaux choisis en prose et en vers des meilleurs classiques anglais, avec des notes grammaticales. — Tome II, à l'usage des Cours facultatifs. — Prix . . . . **2 fr.**

Traduction du Recueil de Versions anglaises, ou Morceaux choisis en prose et en vers des meilleurs classiques anglais. — Tome I. — Prix . . . . **1 fr. 50**

Dialogues familiers, ou introduction à la Conversation anglaise sur toutes sortes de sujets, précédés d'un Vocabulaire des noms, des adjectifs et des verbes les plus usités, conformément au plan d'études de 1852 (3e édition). — Prix . . . . **1. fr. 50**

ALIX ET DAVAU.

Grammaire française, rédigée d'après les règles de l'Académie ; 4e édition, revue avec le plus grand soin. Ouvrage divisé en deux parties : la partie élémentaire, et une autre partie pour les élèves plus avancés. Adopté à l'école des Arts et Métiers d'Angers, et dans beaucoup de maisons d'éducation. Un fort vol. in 12. — Prix, cart . . . . **2 fr.**
L'Abrégé. Un vol. — Prix . . . . **1 fr.**

La Grammaire française en exemples, ou exercices grammaticaux extraits des auteurs français. Un vol. in-12. — Prix, cart . . . . **2 fr.**
L'Abrégé, un vol. — Prix . . . . **1 fr.**

L'ABBÉ TARDIF.

Méthode élémentaire et pratique de Plain-Chant, approuvée par Mgr l'évêque d'Angers, à l'usage de tous les diocèses, et particulièrement à ceux qui ont adopté le chant de Rennes. — Un beau vol. in 8° raisin. — Prix . . . . **3 fr. 50**

AUG. BRISSEBARRE.

Modèle expliqué de portatif de gros, à l'usage des marchands de vin, cidre, eaux-de-vie et liqueurs en gros, avec différents Tableaux de réduction ou coupage des Alcools ou Esprits, etc. Présenté à l'administration des Contributions indirectes. — Prix . . . . **2 fr.**

EXERCICES PRATIQUES

DE

TENUE DES LIVRES

EN PARTIE DOUBLE

FAISANT SUITE AUX

EXERCICES DE TENUE DES LIVRES

EN PARTIE SIMPLE

à l'usage des Écoles primaires

PAR R. DÉTRICHÉ

INSPECTEUR DE L'INSTRUCTION PRIMAIRE, OFFICIER DE L'INSTRUCTION PUBLIQUE.

DEUXIÈME ÉDITION

JOURNAL.

ANGERS

IMPRIMERIE-LIBRAIRIE DE E. BARASSÉ, RUE SAINT-LAUD, 83.

et chez tous les Libraires du Département.

PARIS

LIBRAIRIE ECCLÉSIASTIQUE, CLASSIQUE, ÉLÉMENTAIRE DE CH. FOURAUT,

Rue Saint-André-des-Arts, 7.

1870

Art. 8 du Code de commerce :

« Tout commerçant est tenu d'avoir un livre-journal qui *présente* jour par jour ses
» dettes actives et passives, les opérations de son commerce, ses négociations, accep-
» tations d'effets, et généralement tout ce qu'il reçoit et paie à quelque titre que ce
» soit, et qui *énonce*, mois par mois, les sommes employées à la dépense de sa maison. »

Art. 10. — « Le livre-journal et le livre des inventaires seront parafés.
» Tous seront tenus par ordre de dates, sans blancs, lacunes ni transports en marge. »

Le journal est le livre de la loi, il peut être admis par le juge pour faire preuve
entre commerçants pour faits de commerce. Ce privilége cesse d'exister à l'égard des
personnes non commerçantes.

EXPLICATIONS PRÉLIMINAIRES.

Toutes les pages du journal ont un n° d'ordre qui sera reproduit, en regard du compte, au grand-livre, dans la colonne intitulée folio du journal.

Chaque article est écrit d'une façon distincte, et séparé du précédent et du suivant par deux petits traits entre lesquels on met la date.

Au commencement de la ligne, on écrit, en caractères un peu plus gros, le nom du débiteur d'abord, puis celui du créancier, suivi de la somme qui fait l'objet de l'article.

Ex. **Caisse à marchandises, fr. 200.**

Si la caisse doit à plusieurs personnes ou à plusieurs autres comptes, on écrira :

Caisse à divers. — Cette formule est une abréviation de : Compte de caisse doit à divers.

Si plusieurs comptes doivent à caisse, on écrira :

Divers à caisse. — On fait suivre cette formule du détail de l'opération que l'on trouve au brouillard, des circonstances, de la désignation de la personne, de la valeur, etc. Il est essentiel de ne rien omettre de ce qui peut servir à donner de l'opération une idée complète.

A la suite de la dernière ligne de l'art., on fait ressortir, dans une colonne spéciale, la somme énoncée précédemment.

Il est d'usage de nommer d'abord les débiteurs, puis les créanciers.

En résumé :

Dans la première colonne, on met le folio du grand-livre ; mais attendu que tout art. de journal renferme un débiteur et un créancier, on met les n°ˢ des pages de ces comptes sous forme de fraction ; pour numérateur, le folio du compte débiteur, et, pour dénominateur, le folio créditeur.

Dans la grande colonne, on met l'analyse de l'opération; dans la colonne suivante, le détail des sommes dont le total seul figure dans la colonne du journal.

Il ne sera pas inutile d'ajouter que les sommes de chaque page devant être additionnées avec la mention : *total à reporter*, il est nécessaire de ne jamais commencer un article qu'on serait obligé de scinder au bas de la page ; s'il restait une ou deux lignes en blanc, on les remplirait par des traits de plume.

MANIÈRE DE PASSER LES ARTICLES AU JOURNAL.

Si l'on veut bien se rappeler qu'il n'y a pas de débit sans crédit, c'est-à-dire que toute somme, inscrite au débit d'un compte, figure au crédit d'un autre compte ;

Que les comptes généraux doivent être considérés comme des personnes qui achètent, vendent, reçoivent, donnent et peuvent, en conséquence, être débités et crédités ;

Que tout compte qui reçoit doit être débité de la valeur reçue, et le compte qui fournit, crédité de cette valeur ;

En un mot, que tout compte qui reçoit doit à celui qui fournit; on reconnaîtra que le teneur de livres doit se préoccuper, avant tout, de déterminer les deux comptes *débiteur* et *créditeur*, qui doivent figurer dans l'article dont il faut passer écriture ; et qu'il arrivera facilement à ce résultat à l'aide de ces simples questions :

Quel est le compte ou la personne qui reçoit ?

Quel est le compte ou la personne qui fournit ?

La réponse à la première question donnera le débiteur ; la réponse à la seconde, le créancier.

Il est nécessaire de faire remarquer ici qu'on n'ouvre un compte à une personne que pour les affaires faites à terme avec cette personne, c'est-à-dire, pour ce qu'elle doit ou pour ce qui lui est dû, et non pour ce qu'elle paie ou reçoit au comptant.

Dans ces deux derniers cas, les écritures à passer ne peuvent concerner que le négociant représenté par ses comptes généraux.

La raison en est simple : celui qui paie comptant la marchandise qu'on lui fournit, ne reçoit aucune valeur dont il reste débiteur. Celui à qui l'on paie comptant les marchandises reçues ne fournit aucune valeur dont il soit créancier. Il échange une nature d'effets contre des effets de même valeur, mais de nature différente ; en un mot, il échange valeur contre valeur. D'où il résulte que l'action de *fournir* ou de *recevoir* ne doit s'entendre, quant aux personnes, que de ce qu'elles reçoivent et fournissent à terme.

Ceci posé, nous examinerons successivement la manière de passer au journal les art. dans les différents cas suivants :

1° Achat et vente de marchandises au comptant.

Ex. J'ai acheté au comptant de Baron, de Cholet, 200 douzaines de mouchoirs, à 12 fr. la douzaine, fr. 2400.

Qui reçoit ? Marchandises. A débiter.

Qui fournit ? Caisse. A créditer.

Baron est payé et ne doit figurer dans cet article qu'à titre de renseignements. On écrira au journal :

———————————— Janvier 2. ————————————

Marchandises à caisse, fr. 2400.

Prix de 200 douzaines de mouchoirs, à 12 fr. la douzaine, achetés au comptant de Baron, de Cholet, fr. . . . . 2400 »

La vente au comptant donnerait lieu à un art. de caisse à marchandises.

2° Achat de marchandises payées comptant avec escompte.

Ex. J'ai acheté de Martin, de Chinon, 29 tonneaux de vin rouge, à 200 fr. le tonneau, que je lui ai payés comptant, sous escompte de 5 %. 5800 »

Qui reçoit ? Marchandises. A débiter.

Qui fournit ? La caisse. A créditer. Mais la caisse ne fournit que 5510 fr. et doit être créditée seulement de cette somme. Le compte de profits et pertes doit être crédité de l'escompte 290 fr. restés en caisse, et que profits et pertes est supposé fournir à ce compte. On écrira donc au journal :

Marchandises à divers, fr. 5800, prix de 29 tonneaux de vin rouge, à 200 fr. l'un, achetés à Martin, de Chinon, et payés comptant :

A caisse. . . . . 5510 » ⎫
A profits et pertes, escompte retenu à 5%. . 290 » ⎬ 5800 »
⎭

La vente dans les mêmes conditions donnerait lieu à un art. de divers à marchandises que l'on comprendra aisément.

3° Achat de marchandises payées avec des valeurs diverses telles que :

Billet à ordre ;
Effets à recevoir ;
Marchandises ;
Espèces sous escompte.

Ex. J'ai acheté à Rimbault, de Bordeaux, 10 tonneaux de vin de Médoc, à 1000 fr. le tonneau, et je lui ai fourni ce qui suit en paiement :

M/. B/. S/. O/. au 15 mars 1867. . . . 2000 » ⎫
Un B/. M/. O/. de Papin, de Toulouse, 15 avril. 2000 » ⎪
10 barriques vin blanc des coteaux, à 200 fr. l'une 2000 » ⎬ 10000 »
En espèces, sous l'escompte de 5 %. . . . 3800 » ⎪
Escompte. . . . . 200 » ⎭

Qui reçoit ? Marchandises. A débiter.

Qui fournit ? Effets à payer, effets à recevoir, marchandises, caisse, profits et pertes. Tous ces comptes-ci, à créditer. On écrira donc au journal :

———————————— *Janvier* 1. ————————————

Marchandises à divers, fr. 10000, prix de 10 tonneaux de vin de Médoc, à 1000 fr. le tonneau, achetés à Rimbault, de Bordeaux, et payés comme suit :

A effets à payer, M/. B/. S/. O/. au 15 mars . . 2000 »

A effets à recevoir, B/. M/. O/. de Papin, de
Toulouse, 15 avril . . . . 2000 »

A marchandises, 10 barriques coteaux, à 200 fr.
l'une . . . . 2000 »

A caisse, espèces versées sous escompte . . 3800 »

A profits et pertes, escompte à 5 % . . . . 200 »

10000 »

La vente dans les mêmes conditions donnerait lieu à un art. de divers
à marchandises.

**4° Marchandises expédiées, avec frais de douane, de transport,
d'assurances, laissées au compte du destinataire.**

Ex. M. Draper, de Londres, m'expédie une balle contenant 10 pièces de
drap, ensemble 400 mètres à 10 fr. le mètre ; il m'écrit qu'il a fait sur moi
traite de 4000 fr., fin janvier.

Les frais de roulage, d'assurance et de commission se sont élevés à
60 fr. — Ces frais viennent augmenter de 60 fr. le prix des marchandises.
Ce compte doit donc être débité de 4060 fr.

En général, les frais accessoires de commission, roulage, retour, assurance,
s'ajoutent au prix des marchandises, et viennent en augmenter la valeur.

Qui reçoit ? Marchandises. A débiter.

Qui fournit ? Caisse. 60 fr. à créditer.

Effets à payer, également à créditer de 4000 fr.

Car la traite de Draper, acceptée par moi, a la valeur d'un effet à payer
que j'aurais fourni. On écrira au journal :

Janvier 2.

Marchandises à divers, fr. 4060, prix et frais de 400 m. de drap, à
10 fr. le m., expédiés par Draper, de Londres, en paiement desquels j'ai
accepté sa traite fin janvier :

A effets à payer, prix des 400 m. . . . . 4000 » ⎫
A caisse, 60 fr. frais de roulage et de commission. 60 » ⎬ 4060 »
⎭

Enfin, si plusieurs comptes devaient à plusieurs autres, on aurait alors ce qu'on appelle un art. de *Divers à Divers*.

Ex. Un négociant, M. Joubert, n'a pas de crédit sur la place, bien que solvable. Il a un besoin pressant de 5000 fr. : il s'adresse à notre négociant, M. Grosbois, dont la signature est entourée d'une juste considération. Celui-ci fait à M. Joubert un B/. de 5000 fr., payable à 3 mois, contre un pareil B/. de Joubert O/. Grosbois payable à la même époque. Joubert verse en outre 200 fr. à M. Grosbois pour le service rendu.

Qui reçoit ? Effets à recevoir et caisse. A débiter.

Qui fournit ? Effets à payer et profits et pertes. A créditer.

On écrira donc au journal :

Janvier 3.

Divers à divers comme suit :
Effets à recevoir : B/. M/. O/. de Joubert, 1ᵉʳ avril. 5000 » ⎫
Caisse, 200 fr. espèces qu'il m'a comptées . . 200 » ⎬ 5200 »
⎭

A effets à payer, M/. B/. O/. de Joubert, 1ᵉʳ avril. 5000 » ⎫
A profits et pertes, espèces versées par Joubert. 200 » ⎬ 5200 »
⎭

Ces explications feront comprendre aux élèves la marche à suivre pour découvrir le débiteur et le créancier de chaque compte, ainsi que la forme à donner à l'art. du journal. On trouvera dans les exercices d'application des exemples des différents cas qui peuvent se présenter dans une comptabilité ordinaire.

Nous terminerons par les observations suivantes :

Quand on négocie un billet, on débite le compte qui en reçoit le montant, et l'on crédite les effets à recevoir de la valeur du billet.

Toute traite acceptée devient un effet à recevoir pour le tireur, et un effet à payer pour le tiré.

Si l'on fait un versement au banquier, on débite le banquier de la somme versée, et l'on crédite la caisse, si l'on verse des espèces ; et les effets à recevoir, des billets fournis.

Si l'on prête une somme, on débite l'emprunteur et l'on crédite la caisse qui fournit les espèces. Si l'on empruntait, il en résulterait un art. inverse.

Fait-on des bénéfices dans une opération commerciale ou autre, on débite la caisse qui reçoit et l'on crédite profits et pertes. Si l'on éprouve des pertes, on débite profits et pertes, et l'on crédite le compte qui a fourni.

A la fin de chaque mois, le négociant est obligé de porter sur son journal ses frais de commerce, d'employés, de magasin, de maison, etc.

Les petites dépenses de chaque jour sont ordinairement inscrites sur un carnet ou livre de dépenses courantes. A la fin du mois, on fait le total de toutes ces petites sommes. Ce total vient s'ajouter aux frais de commerce, et l'on porte l'art. suivant au journal :

Janvier 31.

Frais généraux à caisse, fr. 500.

Traitement des employés, frais de commerce et de maison pendant le mois de janvier . . . . 500 »

Nous ne reviendrons point sur ce que nous avons dit ailleurs des erreurs qui se glissent au journal : elles ne peuvent être corrigées que par un art. rectificatif. (*Voir le journal de la partie simple, page* **8.**)

DE L'OUVERTURE DES COMPTES AU JOURNAL.

Notre négociant, M. Grosbois, désirant se rendre compte d'une façon plus rigoureuse de ses opérations commerciales, veut établir sa comptabilité en *partie double*. Il profite de l'inventaire qu'il vient de terminer pour opérer ce changement. Nous savons que pour faire cet inventaire, il a dû chercher à son grand-livre, en partie simple, le solde de tous ses compte pour en opérer la balance, laquelle, portée du côté le plus faible, a établi l'égalité entre le total du Doit et de l'Avoir. Cette différence figure à chaque compte du grand-livre, en partie simple, sous le nom de *balance*.

Dans la tenue des livres en partie double, les comptes, au grand-livre, sont soldés, au moment de l'inventaire, par *balance de sortie*, que nous supposons prendre à son compte les dettes actives et passives du négociant. — Quand un correspondant doit, c'est à balance de sortie qu'il paiera ; balance de sortie devra donc être débitée de ce solde ; — s'il lui est dû : balance de sortie le soldera, et devra être créditée.

En opérant ainsi, *on suppose* donc que chaque débiteur a payé ou paiera le solde de son compte à balance de sortie qui a payé ou qui paiera les dettes du négociant. Après cette opération, si notre commerçant se retirait des affaires, il lui suffirait de consulter balance de sortie, pour connaître ses débiteurs et ses créanciers, ainsi que ce qu'ils doivent et ce qui leur est dû.

Mais s'il continue le commerce, il lui importe, après l'inventaire, de rétablir les comptes avec leur valeur première, et, après avoir crédité temporairement un compte, de le débiter de nouveau. Pour cela, il inscrira à l'inventaire le solde nominatif de tous ces comptes, actifs ou passifs.

L'inventaire devant figurer en tête du journal, chaque personne ou chaque objet mentionné à l'inventaire sera débité ou crédité au journal, selon qu'il doit, qu'il lui est dû ou qu'il se présente avec une valeur active ou passive.

On arrive à ce résultat à l'aide d'une nouvelle hypothèse : *on suppose* qu'un autre compte fictif, appelé *balance d'entrée*, prend la situation de la balance de sortie, qui n'a point été payée par les débiteurs et n'a point payé les créanciers. Alors tous ces débiteurs par compte qui ont été crédités temporairement par balance de sortie, seront considérés comme redevables à balance d'entrée, et l'on écrira alors en tête du journal :

Divers à balance d'entrée. On énumérera tous ces comptes particuliers

qui se trouveront ainsi débités à nouveau de ce qu'ils doivent réelle-
ment, fr. . . . . 13400 »

De plus les marchandises figurent à l'inventaire pour
10500 fr. ; elles ont reçu cette valeur, elles doivent en être
débitées . . . . 10500 »

La caisse a reçu 61634 fr. 66 c., elle doit être débitée
de cette somme 61634 66

De même le mobilier a reçu une valeur de 10,000 fr.
dont il faut le débiter . . . . 10000 »

Le portefeuille a reçu pour 8500 fr. de billets ; il faut
débiter effets à recevoir de cette somme . . . . . . 8500 »

On arrivera ainsi à une valeur de 104034 66

due à balance d'entrée, et qui représente l'actif du négociant.

D'un autre côté, et pour les mêmes raisons, *balance d'entrée* doit à tous
les créanciers qui n'ont point été payés par balance de sortie. Nous la
débiterons de ces valeurs en écrivant au journal :

Balance d'entrée à divers.

C'est ainsi qu'elle doit à divers créanciers. . . . . 7600 »

Au compte d'effets à payer . . . . 10500 »
montant de billets mis en circulation par M. Grosbois.

Enfin, à capital . . . . : . 85934 66
composant l'avoir net du négociant.

Total. 104034 66

Chaque personne ou chaque objet énoncé en ces deux articles de journal
sera débité ou crédité au grand-livre en partie double, qui présentera ainsi
un compte ouvert par Doit et Avoir aux cinq comptes généraux, ainsi qu'à
mobilier, capital, qui ne figurent point dans la partie simple. Chaque
débiteur ou créancier par compte sera donc inscrit à ce nouveau grand-livre
avec le solde débiteur ou créditeur du grand-livre en partie simple.

Cette opération qui devra se renouveler au journal après chaque inventaire, devra rétablir la valeur de chaque compte soldé fictivement par balance de sortie.

Ces observations s'appliqueraient au cas où le négociant commencerait les affaires; Il lui faudrait toujours faire un inventaire et ouvrir son journal à l'aide de la balance d'entrée.

Le journal étant ainsi ouvert, on continuera de passer les écritures en suivant les indications données précédemment.

QUESTIONNAIRE.

Quelle est la disposition du Journal ?

Doit-on commencer un art. au bas d'une page ?

A l'aide de quels principes peut-on établir, dans un art., le débiteur et le créancier ?

Par quoi le nég^t est-il représenté dans les affaires faites au comptant ?

Faites connaître quand il y a lieu de débiter la caisse ?

Les marchandises ?

Effets à recevoir ?

Effets à payer ?

Profits et pertes ?

Quand doit-on créditer ces comptes ?

Comment passe-t-on écriture au Journal dans les cas suivants :

Achat et vente de M^{ses} au comptant ?

Achat de M^{ses} payées comptant sous esc^{te} ?

Vente dans les mêmes conditions ?

Achat ou vente de M^{ses} payées avec un B/. à O/. ?

Effets à recevoir ?

M^{ses} ?

Espèces sous esc^{te} ?

A quoi s'ajoutent les frais occasionnés par les assurances, la commission, transport, etc.?

Que signifie le compte de Divers à Divers?

Comment rédige-t-on un art. quand il y a un seul débiteur et plusieurs créanciers ?

Un seul créancier et plusieurs débiteurs ?

Plusieurs débiteurs et plusieurs créanciers?

Quels comptes faut-il débiter et créditer quand on négocie un B/. ?

Quels comptes faut-il débiter et créditer quand on tire une T^{te} sur un nég^t ?

Quand on accepte une traite ?

Quand on reçoit des espèces sur lesquelles a été prélevé un escompte ?

Quand on verse des espèces et des Billets en compte-courant chez un banquier ?

Quand on emprunte ou prête des valeurs ?

Comment passer écriture quand un correspondant fait tirer sur nous par un tiers ?

Quand nous sommes autorisés nous-mêmes à tirer sur un tiers ?

Comment rectifier une erreur au Journal ?

Que doit-on faire avant d'établir des écritures en partie double ?

Comment ouvre-t-on les écritures ?

Que représente balance de sortie ?

Balance d'entrée ?

Que doit faire un nég^t à la fin de chaque mois ?

PETIT VOCABULAIRE

DES

TERMES DE COMMERCE

Employés dans les Exercices de Tenue de Livres.

Acceptation. — Engagement par écrit de payer une traite à son échéance.

A-compte. — Somme donnée à valoir sur ce qu'on doit.

Acquit. — Pour acquit, mots écrits sur une facture, un mémoire, billet, etc., et que l'on fait suivre de sa signature, pour certifier que la somme a été payée.

Actif. — Tout ce que possède un commerçant.

Appoint. — Somme qui complète le paiement total d'un compte.

Aval. — Obligation mise au bas d'un effet de commerce de le payer s'il n'est pas acquitté par celui qui l'a souscrit.

Avoir. — Ce que l'on possède. Partie droite d'un compte qui contient tout ce qu'on a reçu de la personne avec laquelle on fait des affaires.

Avoir du crédit. — Réputation de solvabilité.

Article. — Se dit des différents objets qui garnissent un magasin. Se dit aussi de chaque opération de commerce détaillée au brouillard et au journal.

Balance. — Différence qui existe entre le Doit et l'Avoir d'un compte.

Balancer un compte. — Rendre égal le Doit et l'Avoir, en portant la différence du côté le plus faible.

Banqueroute. — Cessation de paiement et de commerce pour cause d'insolvabilité.

Banquier. — Qui fait le commerce d'argent et d'effets publics.

Bilan. — État ou inventaire détaillé de tout ce que possède un négociant, de ce qu'il doit et de ce qui lui est dû.

Billet. — Engagement par écrit de payer une certaine somme énoncée. — B/. de Banque. — B/. à O/.

Bénéfice. — Profit, avantage, résultant des opérations de commerce.

Bordereau. — État détaillé des divers articles d'un compte.

Brut. — Poids d'une marchandise avec son emballage.

Caisse. — Argent qu'un banquier a à sa disposition.

Cambiste. — Se dit d'une place où l'on fait beaucoup d'affaires en Change ou en Banque, et, par extension, d'un homme qui spécule sur les Changes. Amsterdam, Hambourg, sont des places cambistes.

Capital. — Valeurs diverses qui constituent ce que possède un commerçant.

Colis. — Balle de marchandises.

Commission. — Ordre donné d'acheter ou de vendre des marchandises. — Rétribution donnée à celui qui fait la commission.

Comptabilité. — Manière d'établir les comptes.

Correspondant. — Personne résidant dans un autre lieu et avec laquelle on est en relation d'affaires.

Courant (prix). — Prix ordinaire.

Courtier. — Celui qui, moyennant une certaine remise, achète ou vend des marchandises pour le compte d'un autre.

Créance — Dette active.

Créancier. — Celui à qui il est dû.

Crédit. — Ce qui est dû à un négociant. — Page du grand-livre où sont inscrits tous les articles reçus.

Clôture d'un compte. — Balance après que le compte a été soldé.

Débit ou Doit. — Au grand-livre, compte où l'on inscrit les articles fournis à quelqu'un.

Débiteur. — Celui qui doit.

Dettes actives. — Ce qui est dû à un commerçant.

Dettes passives — Ce que doit un commerçant.

Du croire. — Prime donnée à celui qui fait la commission en garantie de ses placements.

Encaisser. — Toucher le montant d'un billet remis au banquier ou au signataire de l'effet.

Echéance. — Terme du paiement d'un billet ou d'une dette quelconque.

Effet. — Se dit des Traites, Mandats, B/. à O/.

Effets à payer. — Billets que l'on souscrit, ou Traites acceptées.

Effets à recevoir. — Billets reçus en paiement et restés en portefeuille.

Escompte. — Retenue sur le montant d'un Billet payé avant son échéance, ou sur le prix de marchandises payées au comptant.

Espèces. — Or ou argent monnayé.

Factures. — Voir au brouillard.

Folio. — Numéro d'une page.

Fonds. — Se dit des espèces et d'un établissement de commerce avec tout ce qui en dépend. (Ce marchand a vendu son fonds.)

Honneur. — Faire honneur à sa signature, c'est tenir ses engagements, payer, sans délai, les effets souscrits ou acceptés.

Intérêts. — Ce que rapporte une somme prêtée.

Inventaire. — État détaillé de tout ce que possède un négociant, de ce qui lui est dû, ainsi que de ce qu'il doit.

Journal. — Livre de la loi où doivent être consignées toutes les opérations d'un commerçant. — (Voir aux prescriptions de la loi.)

Libellé. — Rédaction d'un article.

Mandat. — Voir au brouillard.

Main courante. — Même chose que le brouillard.

Mémorial. — Même chose que le brouillard.

Négociant. — Celui qui fait le commerce en grand.

Négocier un Billet. — Le céder à un autre personne.

Ordre. — Ecrit mis au dos d'un effet de commerce pour en transmettre la propriété à un tiers.

Ouvrir un compte. — Inscrire au grand-livre le nom d'une personne avec laquelle on fait des affaires pour la première fois.

Pair. — Signifie égalité. Une Traite qui se négocie au pair ne subit aucune retenue d'intérêt, commission, etc.

Passif. — Ce qu'on doit.

Passer écritures. — Formuler les articles en les portant du brouillard au journal.

Pointer. — Noter d'un point tout article porté d'un livre à un autre, c'est une indication que le report a eu lieu. Le *pointage* est la répétition générale de cette opération pour retrouver la trace d'une erreur commise et indiquée par la balance.

Prime. — Somme payée pour assurer des marchandises, ou encourager une opération de commerce, etc.

Protêt. — Acte d'huissier ayant pour but de constater le refus du paiement d'un B/. ou d'une Traite.

Rabais. — Diminution de prix.

Recto. — Première page d'un feuillet.

Règlement de compte. — Payer ce compte.

Remise. — Valeur qu'un commerçant remet à son correspondant. — Rabais fait sur le prix des marchandises par le marchand à l'acheteur.

Répertoire. — Table par ordre alphabétique de tous les noms qui figurent au grand-livre.

Retour. — Renvoi d'un effet de commerce.

Solde de Compte. — Somme qui fait la différence du débit ou du crédit lorsque le compte est arrêté.

Solder. — Acquitter une dette, en faire l'entier paiement.

Solvable. — Qui a de quoi payer.

Souffrance. — Etat d'un effet non payé à présentation.

Souscripteur. — Celui qui fait et signe un Billet.

Tare. — Rabais fait sur le poids, soit pour emballage ou marchandises gâtées.

Taux. — Intérêt de cent francs. — Prix établi pour la vente des marchandises.

Tireur. — Celui qui tire une lettre de change sur un débiteur.

Tiré. — Celui sur qui on tire une Traite.

Valeurs. — Espèces, Effets de commerce, marchandises à valoir, à imputer sur une somme due.

Verso. — Deuxième page d'un feuillet.

JOURNAL

EN PARTIE DOUBLE

1862.

<table>
<tr><td>FOLIO
du
G^d-livre</td><td></td><td></td><td></td></tr>
</table>

———————— Janvier 1er ————————

Divers à balance d'entrée fr. 104034,66, comme suit :			
Marchandises, fr. 10500, pour celles en magasin, suivant inventaire.	10500		
Caisse, fr. 61634,66, espèces en caisse.	61634 66		
Effets à recevoir, fr. 8500, billets en portefeuille, savoir :			
B/. M/. O/. de Loiseau, d'Angers, 1er mars 1867.	4000		
B/. M/. O/. de Charles, de Tours, 1er mai.	2000		
B/. M/. O. d'Oger, de Beaufort, 1er juin.	1000		
B/. M/. O. Baron de Cholet, 25 juin.	1500		
Effets mobiliers, fr. 10000, suivant le détail de l'inventaire.	10000		
Manceau, d'Orléans, 7000, solde de compte.	7000		
Arnault, de Nantes, 4000, pour solde de compte. . . .	4000		
Abraham, de Doué, 2400, pour solde de compte. . . .	2400	104034 66
Total à reporter. . .		104034 66

3

JOURNAL.

FOLIO du Gd-Livre			
	Report. . .		104034 66
	Balance d'entrée à divers, fr. 104034,66, comme suit :		
	A effets à payer, fr. 10500.		
	M/. B/. O/. de Joseph, de Paris, 31 mai 1867.	2000	
	M/. B/. O/. de Delarue, d'Angers, 1er juin.	1000	
	Traite d'Aubert, de Tours (acceptée), 1er juin.	7500	
	A Joly, de Nantes, solde de compte.	3000	
	A Laroche, de Paris, pour solde de compte.	100	
	A Delahaie, de Beaufort, pour solde de compte.	3000	
	A Bachelier, de Paris, pour solde de compte.	1500	
	A capital net liquidé.	85934 66	104034 6
	Janvier 1er		

JOURNAL.

FOLIO
du
G^d-livre

JOURNAL.

FOLIO du Gd-livre					

JOURNAL.

JOURNAL.

FOLIO du Gᵈ-livre							

JOURNAL.

FOLIO
du
G^d-livre

JOURNAL.

FOLIO du G^d livre				

JOURNAL.

FOLIO du Gd-livre								

JOURNAL.

FOLIO du 6ᵈ-livre				

JOURNAL.

FOLIO
du
3ᵈ livre

JOURNAL.

FOLIO du Gd-livre					

JOURNAL.

FOLIO du G^d Livre						

JOURNAL.

FOLIO du Gᵈ-livre				

JOURNAL.

FOLIO
du
Gᵈ-livre

JOURNAL.

FOLIO du Gd-livre				

JOURNAL.

JOURNAL.

FOLIO du Gd livre					

JOURNAL.

JOURNAL.

FOLIO du G.ᵈ-livre		

www.ingramcontent.com/pod-product-compliance
Lightning Source LLC
LaVergne TN
LVHW012103030726
842523LV00002B/700